L'ÉCHÉANCE DE 1869

PAR

A. ROGEARD

~~~~~~~~

DEUXIÈME ÉDITION

~~~~~~~~

BRUXELLES

Vᶜ PARENT ET FILS, IMPRIMEURS-ÉDITEURS

Montagne de Sion, 17

1866

L'ÉCHÉANCE DE 1869

PAR

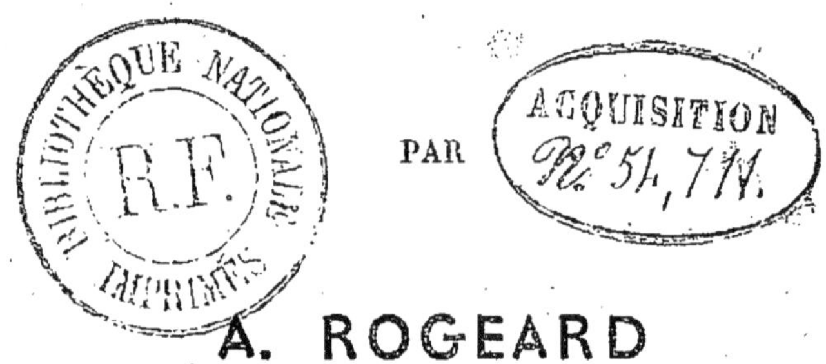

A. ROGEARD

DEUXIÈME ÉDITION

BRUXELLES

Vᶜ PARENT ET FILS, IMPRIMEURS-ÉDITEURS

Montagne de Sion, 17

1866

L'ÉCHÉANCE DE 1869[1].

Jamais nation n'a vu plus clair, à trois ans devant elle. 1869! c'est la date fatidique; 1869! c'est la prise de Babylone; c'est la fin de la dernière servitude, la sortie de la grande captivité. 1869, c'est la grande rédemption du grand peuple déchu; c'est l'an de grâce et de délivrance. Voilà ce qu'on dit et ce qu'on espère; sur cette date, concordance absolue des textes, les grands et les petits prophètes sont d'accord; la foi est unanime et inébranlable; il n'y a qu'une voix, *vox populi*, la grande voix du grand prophète anonyme et infaillible. Il ne peut se tromper, puisqu'il n'annonce que ce qu'il fait, et ne fait que ce qu'il veut. Chute de l'empire en 1869,

(1) C'est en 1869 que doivent avoir lieu les élections générales pour le renouvellement du Corps législatif. En 1851, après le guet apens et sous l'état de siége, la résistance du pays à l'usurpation était réduite à son minimum (un million de voix); c'est pourquoi elle fut vaincue. Depuis cette époque la résistance n'a cessé de s'accroître, et chaque renouvellement de législature manifeste cet accroissement. Aujourd'hui Paris, Lyon, Marseille, et en général les circonscriptions urbaines, sont séparés de l'empire. C'est ce que l'empereur appelle : *des localités dissidentes.* Cette progression croissante de la résistance paraît fatale et inévitable; c'est une grande loi historique qui s'accomplit, et dans trois ans c'est la grande majorité du pays qui sera dissidente. C'est pour cela que l'empire redoute avec raison cette échéance, et veut, dit-on, avancer de deux ans les élections générales de 1869; et médite un coup d'État contre 69, comme il en a fait un contre 52.

voilà ce qu'on croit, voilà ce qu'on sait. On y croit comme les millénaires croyaient à l'an mille; on attend comme eux le retour d'un messie : la liberté. On le sait, comme un astronome sait la fin d'une éclipse; il ne s'agit plus que de tirer sa montre et de regarder passer le phénomène, en comptant les minutes qui séparent encore la France de la lumière. On a dit souvent: Pour que l'Empire tombe, il suffit que tout le monde croie à sa chute, et dise qu'il va tomber. C'est ce qui arrive. Or il n'y a pas de prédiction plus certaine que celle qui suffirait seule à produire ce qu'elle annonce, et renferme en elle-même son accomplissement. On parle de la fin de l'Empire, parce qu'elle arrive, ou elle arrive parce qu'on en parle; voilà deux propositions également vraies; c'est ce qu'on appelle en logique : propositions réciproques. Supposez que la prédiction eût été fausse, prononcée par un seul; elle devient vraie, prononcée par tous. Mais je prétends qu'elle est deux fois vraie, avec un seul prophète comme avec trente millions; que si cette prédiction universelle contribue à faire tomber l'Empire, il ne tombait pas moins, quand personne n'eût prophétisé; et que si ses murailles s'écroulent au milieu de tant de cris et d'une si formidable rumeur, il n'en était pas moins tout prêt à abandonner la place, et se serait en allé tout aussi bien sans tambour ni trompette. Avec ou sans la prédiction, l'Empire touche à sa fin; que tout le monde la publie ou que personne n'y songe, dans les deux cas la chose est sûre; ce sont ces deux points qu'il s'agit d'examiner; nous verrons ensuite s'il n'y a aucun inconvénient à lui laisser espérer un sursis de trois ans.

Supposons d'abord, ce qui n'est pas, que, comme en 47, personne ne prévoie une chute de dynastie ; je dis que comme alors et plus qu'alors, les causes d'une révolution subsistent ; et si à toutes ces causes profondes, suffisantes pour la faire éclater, s'ajoute, par surcroît et surabondamment, une cause extérieure, à elle seule suffisante aussi pour la produire, à savoir la prévision universelle, qui manquait en 47, nous aurons démontré que cette révolution libératrice, nécessitée par les choses et prévue par les hommes, ayant pour elle la double maturité des faits et des idées, est deux fois inévitable et deux fois fatale pour l'année 1869, au plus tard.

Tout gouvernement, comme toute institution humaine, périt pour avoir violé les lois, non pas seulement les lois écrites, mais les lois naturelles, dont les lois écrites ne sont que la traduction : lois politiques, sociales, morales, économiques... Un gouvernement peut périr pour avoir violé une seule de ces lois ; il périt nécessairement quand il en viole plusieurs, à plus forte raison quand il les viole toutes. Toute loi naturelle porte sa sanction en elle-même ; on ne résiste pas impunément à la nature des choses. Cette résistance, qu'elle parte d'un seul, de plusieurs ou de tous, qu'elle vienne d'un individu, ou d'un groupe, ou d'un gouvernement, ou d'une société entière, affecte différentes formes et prend différents noms ; elle s'appelle, suivant les cas, crime, vice, violence, usurpation, tyrannie, faute politique, immoralité, scandale... La violation varie à l'infini, la sanction est toujours la même, la mort du coupable. Pour qui connaît cet enchaînement nécessaire, les prophéties deviennent faciles, et un homme de bon sens peut prédire avec certitude la chute du second Empire, tout comme Jean-Jacques a prédit le triomphe de la Révolution française, tout comme le bon Cazotte a prédit ses malheurs.

En 1866 comme en 1847, les fautes s'accumulent et les scandales abondent; mais quelle différence de proportion! C'est à peine si l'on comptait alors deux ou trois voleurs parmi les pairs de France, et un ou deux parmi les ministres. Martin (du Nord) était un phénomène, le duc de Praslin était un monstre, et Léotade, une exception; c'était un bon temps. Le roi n'était dans l'origine qu'un bon bourgeois de Paris, un Véron couronné, ayant pour sceptre un parapluie. Il est vrai que plus tard, le milieu royal l'ayant gâté, il aima trop peut-être le pouvoir et les dotations, qu'il ne fut pas toujours le père de ses sujets, qu'il avait un peu corrompu les uns et fusillé les autres, qu'il lui était venu un jour l'idée d'emmailloter la presse, une autre fois, d'embastiller Paris; mais c'était un roi, après tout; on sait bien que ce sont là des nécessités de position, et j'ai toujours trouvé qu'on était trop sévère pour les rois. Bon homme au fond, on l'a vu gracier des condamnés à mort, les plus dignes de pitié, et même d'autres, tels que Louis-Napoléon Bonaparte, coupable d'assassinat sur la personne d'un soldat. Et cependant Paris n'a pu supporter ce bon roi. Je sais bien que quelques mots vifs étaient échappés à la Couronne, la dernière fois qu'elle avait parlé au peuple français. Mais qu'est-ce que cela? Le roi avait appelé ses adversaires *des ennemis*; mais M. le duc de Persigny et M. le baron Haussmann ont souvent tenu le même langage, en temps d'élections, et on n'a rien dit. Le roi alla plus loin, je le sais; il osa les appeler *aveugles*. C'était plus dur, mais devait-il y avoir pour cela mort de roi? Oui, me dit-on, et j'y consens bien volontiers, je remarque seulement ceci : dans l'affaire Montauban, l'Empereur a appelé la France un peuple *dégénéré* et on n'a rien dit; et dans le dernier discours il l'appelle une nation mineure, il déclare qu'elle a besoin d'une tutelle, et qui pis est, de la sienne, et on ne dit rien encore.

Il est donc juste de dire que, si Louis-Philippe nous a fait avaler quelques couleuvres, nous en avons depuis avalé bien d'autres, et sans rien dire; que s'il nous a indignés par quelques humiliations, nous en subissons de plus fortes qui ne nous indignent plus; et que parmi les rois et les empereurs, ses cousins, il ne comptera jamais que pour un prince de seconde qualité, n'ayant été qu'un oppresseur médiocre et un insulteur modéré. Et voilà qu'à propos d'une question électorale qu'on pouvait discuter tranquillement, sans se fâcher, le peuple français prend la mouche, et crie : vive la Réforme! et c'est pour cela qu'il entre aux Tuileries et qu'il jette le roi à la porte, et le trône par la fenêtre! Les jeunes gens d'aujourd'hui doivent trouver que leurs pères étaient bien susceptibles.

On conviendra qu'il y a une notable différence entre ces deux monarchies *in extremis*, et que cette différence n'est pas en faveur du second empire.

Les causes profondes sont donc l'opposition constante et irrémédiable entre les tendances du gouvernement et celles de la société, la violation

permanente de tous les droits, de tous les besoins,
de tous les intérêts des gouvernés ; la contradiction entre le dire et le faire des gouvernants,
l'ostentation des principes de 89, et l'application
de ceux de 1572 ; la nécessité de la guerre, principe vital d'une monarchie militaire, et l'impo-
pularité de la guerre et surtout de la guerre de
conquête, d'annexion, de pillage et d'invasion,
dans un siècle industriel, travailleur, instruit, et
un peu plus raisonnable que ses aînés ; la nécessité de la police politique et de la magistrature
politique dans un pays où le gouvernement est
en lutte avec la nation, nécessité qui déshonore
la magistrature et la police, console les malfai-
teurs, et exaspère les honnêtes gens ; le progrès
de l'ignorance publique, résolûment entrepris au
début par MM. Fortoul, Laguéronnière, Im-
haus, etc., et consciencieusement continué par
MM. Rouland, Duruy, Persigny, Boudet et Lava-
lette : la désaffection de l'armée depuis les défaites
du Mexique, et celle du clergé depuis l'évacua-
tion de Rome ; l'augmentation des impôts et la
kyrielle des emprunts, et le désarroi des finances
très-bien dénoncé par Fould et très-mal réparé ;
la multitude croissante des budgétivores, ces tri-
chines du corps social ; l'aspiration universelle à
la liberté, et la promesse éternelle du couronne-
ment de l'édifice, quinze fois protestée et renou-
velée, et finalement ajournée aux calendes grec-
ques par le débiteur insolvable ; et l'impuissance
de l'empire déclarée officiellement par la bouche
de l'Empereur ; et l'immoralité babylonienne de
l'aristocratie impériale ; et les fautes politiques,
comme les fanfaronnades fatalement suivies de
reculades, devant l'Autriche, devant l'Angle-

terre, devant l'Espagne, devant le Mexique, devant les États-Unis; etles choses faites et défaites à l'instar de Pénélope, à Rome, à Villafranca, à Mexico, à Paris, jusqu'à ce qu'enfin l'empire français se défasse lui-même, ce dont il est capable, et ce qui s'est vu chez d'autres qui le valaient bien; comme aussi l'abandon de la Pologne et du Danemark; comme enfin les voies stratégiques, et la castramétation de Paris, qui vaut bien l'embastillement, du dernier règne, et servira de même.

Ces grandes causes générales sont encore : les scandales, comme le procès Mirès, l'affaire des Docks, celle du nouveau palais de l'exposition, etc., et les mystères de la rue Marbeuf, et les nuits de Saint-Cloud, et les fêtes de Compiègne et autres lieux, et le collier de Magnan et les comptes de Granguillot; ce sont aussi : la démocratie impériale démasquée, par elle-même et par son maître, et la mort des serviteurs les plus dévoués et des complices les plus intelligents, et l'impossibilité pour la bande bonapartiste de réparer ses pertes et de se recruter dans une société, paraît-il, plus honnête qu'on ne l'avait espéré, et le quart d'heure des honnêtes gens qui n'arrive pas, suivant l'expression de M. About, et les républicains qui ne veulent pas être sous-préfets, suivant le mot du souverain lui-même, forcé de donner des emplois à des orléanistes, et menacé de n'avoir bientôt plus de fonctionnaires, ni même de sujets; et la loi, la grande loi de la chûte des empires, analogue à celle de la chûte des corps; et « l'esprit de vertige et d'erreur »; et la double sénilité du règne et du régnant; enfin le retour à la compression.

Insistons sur cette dernière cause; le cadre étroit d'un article ne nous permet pas d'approfondir les autres, pas même d'en faire une énumération complète.

L'empire aura traversé trois phases : celle de la compression brutale, qui finit en 59; celle des concessions apparentes ou de la compression déguisée, qui finit en 66 : et celle de la seconde compression brutale, qui va finir avec le règne en 69, suivant les plus nombreux ; plus tôt, suivant les autres. On voit que les trois phases de l'empire ont au fond le même caractère, et peuvent recevoir le même nom, que les différences, s'il y en a, ne sont que dans la forme, dans la date, dans des détails insignifiants, intéressant tout au plus un analyste curieux et même un peu subtil, mais qu'en fin de compte et en somme, ce gouvernement, comme la Providence qu'il représente, brille surtout par la simplicité des moyens, qui sont : compression, compression et toujours compression.

Plusieurs signes annoncent cette seconde et dernière phase de compression brutale; par exemple un mot attribué à l'empereur et tellement conforme au sens des derniers paragraphes de son discours qu'il est au moins très-vraisemblable. « Je donnerais, aurait-il dit (c'est « je » restituerais » qu'il fallait dire; enfin...), je donnerais, en France, la liberté comme en Angleterre, si, comme en Angleterre, la nation » reconnaissait le principe du gouvernement. » On n'est pas plus naïf. Ainsi voilà une nation qui ne reconnaît pas le gouvernement qu'elle a expérimenté, de force, pendant quinze ans! C'est comme le Mexique; la France est un pays envahi,

violé, conquis, arraché à lui-même, annexé;
l'empire est une occupation militaire et policière.
D'un autre côté, voilà un prince qui s'entête,
comme Charles X. On sait ce qui est advenu jadis
de ce Bourbon à Paris; on sait ce qui advient
aujourd'hui du Hapsbourg, à Mexico: il ne faut
pas être grand sorcier pour deviner ce qui ad-
viendra demain du dernier des Napoléons.

Un professeur allemand vient de concevoir,
au sujet du roi de Prusse, une pensée qu'il pourrait appliquer à fortiori à l'empereur des Français. Il offre mille florins à qui résoudra le
problème suivant : « Étant donné un prince
« infidèle à ses devoirs, trouver le moyen de le
« rendre inoffensif, sans faire une révolution; »
il ajoute qu'il se croit sûr de garder ses mille
florins. Cette proposition pose mal la question
de principe, mais elle a le mérite de poser ad-
mirablement bien la question de fait, en Prusse
et ailleurs. Je n'aurais pas eu l'idée de la for-
muler ainsi, par la raison que, pour moi, un
homme qui est prince, (j'entends prince régnant),
est, *ipso facto*, infidèle à tous ses devoirs d'homme,
et quant à ses devoirs de prince, je ne lui en
connais qu'un, mais impérieux et strict, c'est de
s'en aller. De plus, un *prince inoffensif* me semble un contre-sens, une contradiction, une al-
liance de mots vicieuse et inintelligible. Telle
qu'elle est cependant, cette proposition nous
instruit au moins des sentiments qu'inspire à ses
sujets, en Allemagne, un prince qui entrave la
liberté de la tribune parlementaire, porte at-
teinte à l'inviolabilité des représentants du peuple, et fait rendre par sa cour de cassation,
transformée en saint-office, des arrêts d'inqui-

sition, de persécution et de suppression de la parole publique. Nos réserves faites, nous applaudissons à la proposition du professeur allemand.

Si la pensée de revenir à la compression brutale éclate dans le discours et les confidences de l'immonde majesté, elle n'est pas moins visible dans les derniers actes des infâmes ministres de ses crimes; témoin la circulaire de La Valette sur les comptes-rendus législatifs, témoin les mesures administratives et judiciaires qui pleuvent plus drues que jamais, et la grêle de communiqués, d'avertissements et de condamnations qui criblent la moindre vérité qui ose se montrer hors de son puits; témoin les condamnations qui ont frappé les étudiants du Congrès de Liége, et qu'on a fait prononcer par deux juridictions universitaires, afin que l'université n'ait rien à reprocher à la magistrature, et qu'elle ait bien, elle aussi, sa part ostensible dans la honteuse besogne de la justice impériale, et ne puisse pas quelque jour venir nier sa complicité; témoin aussi les élections tant soit peu irrégulières et frauduleuses de MM. Frémy, Larrabure et Walewski, et les derniers soufflets donnés au suffrage universel; témoin encore les dernières falsifications des listes électorales, et ce curieux phénomène du nombre des électeurs qui diminue à mesure que la population augmente (autrefois on se contentait de dessiner des arabesques sur le plan des circonscriptions et de découper artistement la France électorale, aujourd'hui on la rogne; elle se rétrécit comme la *peau de chagrin*, et le suffrage restreint se rétablit peu à peu par les mêmes mains qui l'ont tour à tour, au gré de leur besoin, défendu, combattu, fondé et renversé); témoin enfin les grandes rigueurs exercées contre la petite manifestation de la rue Popincourt, et l'arrestation à domicile de quatre étudiants qui n'étaient nullement coupables d'avoir entonné le chant national, et n'étaient pas même présents dans ladite rue, au moment où on criait : *Vive la république !* Ces faits sont graves, il y en a d'autres; on peut donc compter le retour à la compression parmi les causes générales et profondes qui auront amené et même précipité la chute du second empire.

Si vous ajoutez à toutes ces causes dont je n'énumère que les principales (1), la tache de sang originelle du deux décembre qui couvre les commencements de ce régime, et le mépris universel qui en couvre la fin; si vous considérez, ce qui me semble indubitable, que qui s'élève par le crime, se conserve et vit comme il s'est élevé, et meurt comme il a vécu; peut-être penserez-vous, comme moi, que les causes profondes qui amènent nécessairement la ruine d'un gouvernement subsistent, actuellement, et auront inévitablement leurs effets avant trois ans.

Passons à la cause extérieure, la fameuse prédiction qu'on trouve cette année dans tous les almanachs, même dans l'*Almanach impérial*, je veux dire la préoccupation d'une fin prochaine, qu'on trouve dans tous les journaux, même

---

(1) Je serai plus explicite dans une prochaine brochure intitulée : Comment finissent les empires, à moins, comme je le désire, que la rapidité des événements ne me laisse pas le temps de la finir.

A. R.

officieux, même officiels, même dans le *Moniteur*, même dans le *Livre bleu*, même dans les propos des valets, même dans le discours du maître.

La prédiction pour 1869 n'est pas nouvelle, je l'ai entendue en 63; c'était même l'argument dont on se servait contre les abstentionnistes; quand nous disions : « Le suffrage universel doit
» protester et non élire, puisqu'il est privé de
» toutes les conditions nécessaires à son exercice
» et à sa validité, et puisque l'élection d'un
» muet, d'un assermenté, est une adhésion im-
» plicite à l'empire, une soumission, une re-
» connaissance légale, au moins une tolérance
» provisoire, partant une honte, une défection,
» au moins une duperie, » on nous répondait :
« C'est vrai, et nous n'attendons rien de l'action
» parlementaire, et nous savons comme vous,
» que les députés sont impuissants, c'est leur
» excuse. Mais l'action électorale ! Voilà la
» grande affaire. Le suffrage universel se ré-
» veille et veut parler, laissons-le dire ce qu'il
» voudra, fût-ce une sottise. L'essentiel est qu'il
» parle, qu'il n'en perde pas l'habitude. La raison
» lui viendra avec l'âge ; aujourd'hui il balbutie :
» opposition ! demain il criera : révolution ! en
» 63, il demande vaguement la liberté ; il ré-
» clamera clairement la République, en 69.
» Attendez ! »

Voilà ce qu'on nous disait, à nous qui ne voulions pas attendre et qui, aujourd'hui même, si près de la fin, ne le voulons pas encore. Nous croyons toujours que l'empire pouvait tomber autrement et plus tôt; mais nous croyons aussi avec nos contradicteurs de 63, et avec tout le monde, que le soulèvement général de l'opinion va l'emporter prochainement, et qu'il ne dépassera pas la date fatale de 69; nous ne nous en plaignons pas; mais nous espérons mieux.

Enumérons rapidement quelques-uns des indices significatifs du pressentiment universel. Le maître parle de l'inquiétude des esprits. La parole qui dénonce cette inquiétude, ne permet pas d'en douter et contribue à l'accroître. Si le maître parle ainsi dans l'égarement de sa détresse, les valets moins intéressés et moins prudents expriment plus clairement leurs appréhensions et trahissent plus souvent leurs alarmes; ainsi le marquis de Boissy, qui, l'an passé déjà, déchirait le voile de 69, et entr'ouvrait aux yeux du monarque effaré les plus sombres horizons, les plus lugubres perspectives; ainsi le prince Napoléon qui lance un manifeste quelques minutes avant l'heure, se brouille, se débrouille, se rebrouille et s'embrouille, et paraît perdre tout à fait la tête, dans la commune débâcle de sa famille; ainsi Me Ollivier, qui ne sait plus de quel côté tourner, et dont l'inconstance est enfin fixée par l'inutilité absolue d'un changement quelconque, et qui reste là, entre le pouvoir qui décline et l'opposition qui monte, désorienté et désappointé, refroidi dans son zèle et figé dans sa fluidité, immobile enfin dans son irrésolution, comme l'âne de Buridan entre deux picotins égaux, ou comme une girouette entre deux vents contraires.

Aujourd'hui, c'est le Sénat qui sonne le glas de l'empire. Je ne parle pas seulement du nouveau discours de M. de Boissy qui relève le malheureux mot de l'empereur et se déclare, pour son compte, *très-inquiet ;* si j'en crois une correspondance parisienne insérée dans un journal belge, le tremblement de ce grand corps de l'État aurait été plus visible encore dans les coulisses que sur la scène, en séance privée qu'en séance publique ; la répétition de l'Adresse aurait été plus instructive encore que la représentation, et l'inquiétude des gérontes de l'empire s'y serait formulée d'une façon plus nette et plus précise. Un sénateur dans les bureaux, aurait proposé une phrase rejetée ensuite par la commission, et dont voici le sens : « Nous prions respectueusement Votre » Majesté de prendre au plus vite les mesures » nécessaires pour parer aux éventualités mena- » çantes de 69. » Rarement les Sénats savent prévoir les malheurs de si loin. Des mesures je ne me soucie guères, on sait ce que valent les expédients de la dernière heure et les parachutes déployés au dernier moment. Les mauvaises consciences sont mauvaises conseillères ; « *quos vult perdere, Jupiter dementat.* » Mais ce qui m'importe davantage, ce sont *les éventualités menaçantes ;* elles sont donc là, au-dessus de l'horizon, visibles à Paris, montant comme une aurore et menaçantes comme elle pour les hommes de ténèbres et les œuvres de nuit. Il paraît qu'on les voit, puisque le Sénat les a vues. C'est bien ; il y a des gens qui en parlent, tant mieux ; et cela dans de beaux discours officiels, solennels et bien imprimés ; voilà qui me met à l'aise. Et ceux qui liront ces discours en parleront aussi ; je ne crains plus d'être seul.

Le *Livre bleu* n'est pas non plus très-rassurant et cependant c'est encore là un document qui émane d'hommes sages et hantant les hauts lieux, et vivant, pensant et écrivant dans les sereines régions du pouvoir, au-dessus de la zone des tempêtes et des mauvaises passions. Il y est parlé sur un ton très inquiétant de la décadence rapide de la littérature et des mœurs depuis 1852, et de la démoralisation générale et profonde de la nation sous le nouveau règne, et de la nécessité de trouver un prompt remède à de si grands maux. Ce passage du texte officiel me paraît quelque peu subversif. Car je ne pense pas que les blessures faites à la moralité d'un peuple soient comme les coups de lance d'Achille, et que la même main, la même arme qui a pu blesser, puisse aussi guérir. Le remède, quant à moi, me semble tout trouvé : *sublatâ causâ, tollitur effectus.* Si le *Livre bleu* ne l'a pas entrevu, il est certain qu'il le fait entrevoir ; ce serait lui demander trop que de lui demander davantage. Comme les bons écrivains, l'auteur de ce curieux passage fait naître dans l'esprit du lecteur plus de pensées qu'il n'en exprime, et possède l'art de faire songer après lui.

Ce n'est pas seulement le *Livre bleu* qui constate les ravages de l'influence napoléonienne et le progrès de la gangrène impériale ; hier c'était Dupin qui faisait un discours contre le luxe, aujourd'hui c'est Belmontet qui écrit une satire sur l'immoralité. Dupin et Belmontet moralistes ! on n'a que les censeurs qu'on mérite.

Ainsi voilà deux hommes qui, pendant de longues années, ont vécu dans le cloaque impérial, ils ont fait de cette fange leur élément, ils s'y sont vautrés, ils s'y sont repus, ils y ont barboté, pris leurs ébats comme le poisson dans l'eau, ils ont respiré l'atmosphère de la grande méphitis, et ils ont dit : cela sent bon ! et aujourd'hui, encore tout souillés et empuantis de ce séjour infecte, les voilà qui viennent sur le bord et qui essaient de secouer leur servitude à l'air libre et de sécher un peu leur bonapartisme au soleil, et qui vous crient : l'empire est une sentine ! On pourrait leur dire : « Vous sortez bien tard, chers » docteurs, et votre morale sent le renfermé. » La contradiction de ces deux philosophes est étrange, mais instructive ; c'est une des surprises que nous réservait notre malheureuse époque, c'est une des péripéties tragi-comiques du cinquième acte. Ah ! ne rions pas ! c'est la malédiction de la prostituée contre le marchand d'esclaves. Eux aussi, après tout, sont des victimes ! seulement ce ne sont pas les plus intéressantes.

Nous avons montré dans les régions officielles le pressentiment naïvement exprimé de l'événement que nous attendons. Nous avons vu que le malade est condamné par ceux-là mêmes qui sont les plus intéressés à cacher sa maladie ; si nous cherchons ailleurs, les aveux seront plus nombreux ; si nous ouvrons les journaux, nous trouverons la terrible prédiction à toutes les pages ; si nous interrogeons le grand public, si nous écoutons la rumeur qui monte des villes, nous entendrons la grande voix qui crie trois fois : malheur ! la veille des grands écroulements ; si nous nous promenons dans Paris nous lirons le : *Mane, Thécel, Pharès*, écrit sur tous les murs. Trois citations, empruntées aux journaux des derniers jours, termineront cette revue nécessairement très-incomplète des prédictions pour 69.

Le *Catholique*, du 1er février, consacre un article à démontrer, tout en déplorant le fait,

que « la démocratie monte » et que « son pro-
» chain avénement est inévitable. »

Le *Courrier français* s'exprime ainsi : « Il est
» surtout indispensable que le gouvernement
» adopte *un système quelconque* ; on ne gouverne
» qu'à ce prix. »

Or comme il n'a jamais eu de système et n'en
aura jamais, il est clair qu'il ne gouvernera pas
longtemps.

Enfin la *Presse* : « En 1863 nous avions des illu-
» sions et des espérances que nous déclarons hau-
» tement ne plus avoir en 1866 ; à cette époque
» nous croyions à la liberté par l'initiative impé-
» riale ; maintenant nous ne croyons plus qu'à la
» liberté par le suffrage universel. »

Toujours 69 ! — On sait d'autre part que ledit
suffrage ne peut donner au peuple la liberté,
sans donner à l'empereur son congé ; l'empire ne
peut épouser la liberté ; il y a incompatibilité
d'humeur.

Il n'est peut-être pas sans intérêt de rappro-
cher de cette profession de foi de la *Presse*,
celle d'E. Ollivier, dans la dernière session :
« La patience est nécessaire en face du gouver-
» nement impérial (oh oui !), le seul gouverne-
» ment capable de donner, un jour, toute la
» liberté. »

Ollivier dit : oui ; Girardin dit : non ; 1869 les
mettra d'accord.

Les causes connues des révolutions antérieures
subsistent en 1866, plus graves, plus nom-
breuses, accompagnées de causes nouvelles. Le
pressentiment général qui manque quelquefois,
comme en 48, aujourd'hui ne manque pas. La
ruine du despotisme impérial est imminente et

prévue, et je m'en réjouis; mais on se contente de la prévoir, et c'est ce qui m'afflige. On se frotte les mains, puis on se croise les bras; on chante victoire en face de l'ennemi encore debout; on vend la peau de l'ours, et il court encore. On dit comme le musulman : c'est écrit, cela sera, et on ne fait rien pour que cela soit un quart d'heure plus tôt. L'événement est si certain et si prochain qu'on se croit dispensé d'y coopérer; il semble que l'empire soit démoli par des ouvriers invisibles, on entend les coups de pioche, on voit tomber les pierres et chanceler l'édifice, la foule regarde et laisse faire les dieux. La Révolution se fait toute seule, le peuple français ne veut être que spectateur de son propre triomphe; et il n'est pas bon que cela se passe ainsi. Voici ce que j'entends dire à ces millénaires de 66 qui attendent immobiles, dans le calme de la certitude, le jugement dernier de l'empire et le messie de 1869.

« Combattre aujourd'hui, quand le succès est
« sûr demain ? à quoi bon ? attendons 69. Le châ-
« teau de carte vacille, et penche, et va tomber;
« à quoi bon souffler dessus ? Dans ce grand trem-
« blement, on ne sait même plus de quel côté il
« penche, et l'on dirait qu'il penche de tous les
« côtés. Attendons ! La guerre était le grand res-
« sort de l'empire, et le grand ressort est cassé.
« Les finances en étaient le nerf, et le nerf est
« rompu. Juarez a tué la guerre; Fould a tué les
« finances; attendons. Tout le monde aujourd'hui
« parle de liberté, et cela depuis trois ans; tout
« le monde, même le Sénat qui vient d'en faire la
« théorie, une jolie théorie ma foi, qui si elle
« n'est ni vraie ni bien trouvée, est du moins

« originale et inédite. Il y a donc une immense
« expansion du sentiment populaire, en même
« temps qu'il y a une légère recrudescence de la
« compression impériale. Or si la compression
« augmente d'un côté, tandis que l'expansion
« augmente de l'autre, il est bien clair que la
« machine va sauter; il faut être bête comme
« une locomotive, pour ne pas comprendre cela.
« Attendons 69 ! »

Voilà qui va fort bien, et je crois, comme vous
et plus que vous, à tous ces symptômes certains,
à tous ces infaillibles signes. Je vois comme vous
cette agonie, et je ne veux pas attendre ! l'opinion
monte, c'est vrai; rapide, je le sais; irrésistible,
j'en conviens; mais pourquoi dire au flot : « tu
n'iras pas plus vite. Tu vas bien, va tout seul ! »
L'empire se meurt, l'empire est mort ! c'est avec
ce cri qu'on le fait vivre... jusqu'en 1869, bien
entendu. Il s'agit de l'achever, et non de l'écouter
râler ; il ne faut pas lui tâter le pouls, mais lui
serrer la gorge ; il faut sonner la dernière charge
et non la future victoire. Je sais comme vous qu'il
ne passera pas la date fatale; mais aidez donc un
peu le ciel qui vous aide si bien.

« Bah ! dites-vous encore, l'empereur est très-
« malade, et, morte la bête, mort le venin;
« l'homme emporte le régime; autant vaut cette
« fin qu'une autre. » Non, cent fois non ! cette fin
n'est qu'un coup de hasard; et c'est un coup de
justice qui doit délivrer la nation. Ne savez-vous
pas d'ailleurs que l'empereur se porte bien ? il ne
se dit malade que pour vous faire plaisir. Il pro-
met aux Français tout ce qu'ils désirent, sa mort,
la liberté, n'importe, pour faire attendre; il n'est

pas plus prêt à octroyer l'une que l'autre. N'attendons pas !

Je sais comme vous que l'empire est menacé de dix sortes de mort; qu'il n'a que l'embarras du choix; qu'il peut périr ou par une banqueroute, ou par une révolte militaire, ou par un attentat, ou par une conspiration de palais, ou par une invasion, ou par une émeute, ou par une explosion de chauvinisme contre l'humiliation du drapeau, ou par une explosion de raison publique contre une seconde guerre au nouveau monde, ou par un sénatus-consulte de déchéance, ou par l'initiative révolutionnaire de quelques députés, ou par des banquets politiques, ou par une manifestation imposante de la tribune, ou de la presse ou de la rue, ou par un soulèvement général, ou enfin par le fameux plébiscite de 1869, que vous attendez et que je ne veux pas attendre; sans compter les moyens que j'oublie, et ceux que j'ignore, et ceux que je ne veux pas dire.

Je sais tout cela comme vous, je sais que les temps sont proches, que la dernière échéance est inéluctable; mais avez-vous mesuré la somme de mal que représentent trois années de despotisme? avez-vous compté le nombre des victimes? voulez-vous accroître d'autant les douleurs de la patrie?

Il me semble qu'il est trop facile et partant quelque peu honteux d'attendre, même certaine, l'échéance de 1869.

A. ROGÉARD.